AF407597

Hallo jongens, vandaag ga ik het hebben over een interessante module die bekend staat als het stellen van doelen en tijdbeheer. Nou, voordat we zelfs maar over deze module beginnen te praten, zou ik willen dat je jezelf deze drie vragen stelt, introspectief en jezelf deze drie vragen stelt.

Ten eerste: heb je doelen in het leven? Twee? Heb je ooit geprobeerd over deze doelen na te denken of erover te schrijven? En drie: heb je deze doelen ooit wekelijks, maandelijks of jaarlijks herzien? Als u op elk van deze vragen nee heeft geantwoord, dan is dit iets voor u.

Dus laten we beginnen. Vandaag gaan we het hebben over effectieve richtlijnen over wat precies een doel is, hoe je doelen kunt stellen en hoe je een echt geweldig actieplan voor jezelf kunt maken om je dromen en je doelen te bereiken.

De agenda van vandaag zal heel specifiek gaan over het stellen van doelen. we zullen doelen en het stellen van doelen begrijpen en definiëren. Waarom stellen de meeste mensen geen doelen? We zullen veel licht werpen op dit begrip van de nuances van het effectief stellen van SMART-doelen. Dit acroniem genaamd SMART-doelen is iets waar we veel in detail over zullen praten.

Elk van deze staat voor een specifieke reden waarom doelen falen, dus de redenen waarom doelen in het leven falen, richtlijnen voor het stellen van doelen en verschillende soorten doelen. Dit zijn alle submodules van het stellen van doelen die we vandaag zullen behandelen. Welnu, als ik moet definiëren wat precies een doel is, zegt een woordenboekdefinitie van doelen, doel is een punt dat het einde van een race markeert, een object van inspanning of een ambitie.

Het is net als een eindbestemming die je wilt bereiken en echt naar het stellen van doelen gaat, wordt gedefinieerd als het proces van beslissen wat je in het leven wilt doen en ook het bedenken van een plan om te bereiken wat je wilt bereiken. Het stellen van doelen voor mijn vrienden is een heel, heel krachtig hulpmiddel. Het zal je helpen je leven een richting te geven. En als je eenmaal een richting in je leven hebt, wordt het leven nog leuker om te leven.

Laten we de redenen begrijpen waarom veel mensen geen doelen stellen. Welnu, er is veel onderzoek gedaan naar deze specifieke reden. En enkele van deze redenen zijn pessimistische opvattingen. Welnu, veel mensen denken heel negatief over doelen en ze vinden dat waarom we echt doelen moeten stellen, zodat ze het gevoel hebben dat het een beetje negatief is om doelen voor zichzelf te stellen? Faalangst.

Dit is een reden waarom veel mensen bang zijn dat ze zullen mislukken als ze geen doelen stellen en dat is de reden waarom ze niet echt op het pad van het stellen van doelen gaan omdat ze bang zijn voor mislukking. Onwetendheid over het belang van doelen.

Ze weten niet echt wat het belang is van het stellen van doelen en daarom doen ze het niet echt doelen stellen, een gebrek aan kennis over het stellen van doelen, ze weten niet echt waar ze moeten beginnen, hoe ze dit hele proces van het stellen van doelen moeten aanpakken . En ze vinden dat het geen rocket science is om echt doelen te stellen, waardoor ze vergeten of liever niet doelen stellen.

Veel mensen missen ambitie. Nu ik geen ambitie heb, probeer ik echt te zeggen dat mensen comfort hebben in de comfortabele zone. En ze willen zichzelf niet uitdagen. Ze hebben geen grote ambities om te bereiken in het leven, en daarom is het oké om te blijven zoals ze zijn. Gebrek aan ambitie is dus ook een reden waarom mensen geen doelen stellen. Ze hebben een laag zelfbeeld, ze denken niet echt goed over zichzelf, en daarom stellen ze geen doelen.

En last but not least, ze zijn bang voor afwijzing. En afwijzing, mijn lieve vrienden, kan een zeer krachtige manier zijn om geen doelen te stellen. Dus mijn vrienden, dit zijn allemaal redenen waarom mensen geen doelen stellen en laten we begrijpen dat ze allemaal in onze geest aanwezig zijn, we moeten onze emoties overwinnen, we moeten al deze angsten overwinnen om echt te proberen doelen voor onszelf te bereiken. Als je misschien zelfs maar doelen hebt gesteld, hebben doelen de neiging te mislukken.

De reden waarom doelen mislukken, is waarschijnlijk dat je de doelen niet hebt opgeschreven. Doelen, als ze niet zijn opgeschreven, zijn het slechts woorden. Daarom moeten doelen worden opgeschreven en ze moeten in de tegenwoordige tijd worden opgeschreven. Het niet hebben van beloningen voor jezelf kan ook een reden zijn waarom doelen mislukken, niet realistisch. U kunt voor uzelf zeer onhaalbare of onrealistische doelen stellen.

Nou, dat mijn vrienden er ook toe kunnen leiden dat deze doelen niet worden gesteld. Je doelen kunnen blijven veranderen, je hebt misschien één doel op een dag en na 10 dagen zou je het doel kunnen veranderen in een ander ding, terwijl de geest en de hersenen in dit opzicht in de war raken, kan het mislukken van het stellen van doelen zijn. geen verantwoording, geen eigendom. Als u geen doelen stelt en er geen verantwoordelijkheid en verantwoordelijkheid voor neemt, leidt dit tot het mislukken van doelen.

Nou, wat ik hier echt probeer te zeggen, is: stel doelen voor jezelf, niet voor je ouders, niet voor je bazen, je managers, niet voor je vrienden of broers en zussen, stel doelen voor jezelf, want alleen dan heb je verantwoording en eigendom voor hetzelfde. Geen tijdlijnen. Dit kan ook een van de belangrijkste redenen zijn waarom doelen niet slagen. Als je geen tijdlijn of deadline hebt om deze doelen te bereiken, weet je echt niet wanneer je het gaat halen.

Daarom, mijn vrienden, zijn dit de redenen waarom we er echt voor moeten zorgen dat we deze doelen niet kunnen bereiken en dat we deze doelen niet kunnen bereiken. Waarom moeten we echt doelen stellen? Wat zijn de voordelen van het stellen van doelen? Laten we hier eens naar kijken. Nou, als je doelen stelt, neem je de controle over je leven en weet je de richting van je leven waar het naartoe gaat. En als je weet waar je heen wilt, zet je jezelf in de goede richting zodat je controle hebt over je leven.

Je concentreert je op de belangrijkere dingen en verspilt dus geen tijd aan onnodige dingen. Je zult goede beslissingen nemen als je doelen hebt gesteld, je zult zeker slimmere en correctere beslissingen nemen in het leven. U kunt de taak zeer efficiënt afronden. Als je jezelf doelen hebt gesteld.

Je zult zeker heel veel vertrouwen hebben als je doelen hebt gesteld. En last but not least: u bent een stap dichter bij succes. En dat kunnen je vrienden zijn, is de reden waarom we doelen willen stellen. Als we weten dat het stellen van doelen zoveel voordelen heeft. Waarom stellen we geen doelen? Dit is iets wat ik echt wil dat je jezelf afvraagt.

Nu zijn er verschillende soorten doelen. Ik zou liever in twee categorieën worden verdeeld door te zeggen dat er persoonlijke doelen zijn en dat er professionele doelen zijn. We willen dat de meesten van jullie zich echt op een andere manier op deze twee verschillende aspecten concentreren. Je moet je doelen altijd splitsen in persoonlijke doelen en je professionele doelen.

Er zijn drie soorten onder deze twee categorieën. Je hebt doelen op korte termijn, doelen op middellange termijn en doelen op lange termijn. Welnu, kortetermijndoelen zijn niets anders dan het hebben van doelen die voor een of twee jaar vanaf nu zijn vastgesteld. Uw doelstellingen op middellange of middellange termijn zijn van drie tot vijf jaar, en uw doelstellingen op lange termijn zijn langer dan vijf jaar.

Als je echt effectief wilt zijn in het stellen van doelen, stel dan doelen, schrijf deze dan allemaal op voor de korte, middellange en lange termijn. Er zijn twee stappen voor het stellen van doelen. Denk alsjeblieft niet dat het stellen van doelen een heel groot proces is. En er komt echt veel werk bij kijken. Ja, er komt veel werk bij kijken, maar het is geen rocket science, het is gemakkelijk te doen. Dus laten we de twee stappen van het stellen van doelen begrijpen.

Het eerste deel van het stellen van een doel is dat u moet beslissen wat u wilt doen. Dit is erg belangrijk, je moet weten waar je heen wilt in het leven. En als je eenmaal weet dat je moet werken aan het bereiken van een actieplan om je vooruit te helpen naar dat doel.

Dus in twee stappen beslissen wat u wilt doen. En als je dat eenmaal weet, bedenk dan een actieplan om daar te komen. Welnu, voor de meeste mensen is het tweede deel van de stap van het stellen van doelen problematisch of moeilijk voor hen. We hebben dit om het u heel gemakkelijk te maken.

Laten we eens kijken wat ze zijn. Welnu, het stellen van doelen is belangrijk vanwege verschillende redenen en we moeten onze doelverklaring voor hetzelfde doelblad opstellen om ons te helpen motiverende doelen te hebben en als we eenmaal gemotiveerd zijn, zullen we zeker onze doelen bereiken. Het helpt ons om SMART-doelen te stellen die we over een korte tijd zullen behandelen. Het helpt om doelen op schrift te stellen. Zoals ik al eerder zei, doelen die niet zijn opgeschreven, zijn slechts woorden. Het is gewoon niets anders dan dromen en afzonderen in een hoek van je huis of waar dan ook buiten je de rust vindt , besteed ongeveer 30 tot een minuut van uw tijd en probeer te begrijpen en op te schrijven wat uw doelen in het leven zijn. Probeer het op te schrijven en zorg ervoor dat u het keer op keer doorneemt. Stel uzelf vragen en stel vast wat uw doelen zijn.

Je doelverklaring moet deze drie vragen bevatten die je jezelf moet stellen en dat is heel, heel essentieel. Stel uzelf deze drie vragen. Ten eerste, wat wil je bereiken? vraag jezelf echt af wat je wilt bereiken? Waarom wil je dit bereiken? Er moet een reden achter alles zitten. Je geest heeft redenen nodig.

Vraag je dus altijd af waarom je dat echt wilt bereiken? een bepaald ding. En ten derde, hoe gaat u dit bereiken? Zodra u al deze drie vragen heeft beantwoord, is uw doelverklaring klaar om gemaakt te worden. En mijn beste vrienden, het is erg belangrijk dat je geen van deze vragen mist, want alles wat je niet beantwoordt, je behoeften. Doelen moeten worden opgeschreven.

Het maken van een actieplan is erg belangrijk voor het stellen van doelen. Het is erg belangrijk om eraan vast te houden. Schrijf geen doel op en laat het dan staan, je moet je eraan houden. En last but not least, je moet het elke dag van je leven lezen.

Houd uw doel altijd voor u en kijk er 's ochtends en' s avonds of waar dan ook gedurende de dag naar. Zorg ervoor dat u uw doelen leest. Hoe meer je je doelen leest, hoe meer het helpt om in de hersenen te blijven. Het identificeren van uw doelen is erg belangrijk. U moet weten wat uw doelen zijn voor dit specifieke deel van het proces.

In termen van weten wat uw doelen zijn. Ik zou willen dat jullie allemaal apart met jezelf zitten, geen technologie, geen soort telefoons of laptops of iPads, geen muziek, zelfs geen familieleden om je heen, jezelf zult deze hele procedure voor het stellen van doelen niet kunnen voltooien.

Nu komen we in onze belangrijkste module van deze specifieke sectie over het stellen van doelen. Hoe u SMART-doelen stelt. Laten we eerst eens kijken wat het acroniem smart staat voor S staat voor specifiek. M staat voor meetbaar zijn, a is haalbaar, R is realistisch en T is actueel.

Als je een doel stelt en als het geen SMART-doel is, is het niet de moeite waard om je tijd en energie te verspillen aan je doel om slim te zijn en nu gaan we kijken hoe we er ook een SMART-doel van kunnen maken. Staat voor, zoals ik al eerder zei, specifiek, je doel moet specifiek zijn en niet algemeen. Om specifiek te zijn, moet u uzelf bepaalde vragen stellen, zoals, wie, wat, waar, wanneer en waarom. Ik ga even een voorbeeld met jullie delen. Als je rijk wilt zijn, en je zegt zoiets tegen jezelf, dan wil ik rijk zijn.

Is dit een SMART-doel? Niet echt, want het is een algemene verklaring. Ik wil rijk zijn. Op het moment dat u aangeeft hoeveel u rijk wilt zijn, wanneer u rijk wilt zijn en hoe u rijk zult worden, is wanneer u er een SMART-doel van maakt. Door al deze vragen te beantwoorden, wordt uw doel specifiek.

Deze vragen zijn belangrijk om te beantwoorden en alleen dan zal uw doel specifiek zijn. komend tot onze volgende terminologie, meetbaar, uw doel moet worden gemeten door te vragen hoeveel of hoeveel, hoe weet ik wanneer het is bereikt? Dus als ik hetzelfde voorbeeld citeer als de vorige keer, ik wil rijk worden, nou, hoeveel wil je rijk worden en hoe weet je wanneer je dat hebt bereikt? Dus, om het meetbaarder te maken door iets te zeggen als Ik wil rijk worden door $ 30 miljoen op mijn account te hebben, nou, nu heb je het gemeten en dat is wat bekend staat als meetbare doelen.

Het derde is haalbaar. Nu, mijn beste vrienden, het is erg belangrijk om doelen te hebben die niet erg onrealistisch, onbereikbaar of onhaalbaar zijn. Daarom kunt u gedemotiveerd raken als u dit niet bereikt. Uw doelen moeten dus haalbaar zijn. Het moet haalbaar zijn, het is iets dat je zou moeten weten en het is wat belangrijk is.

Het moet actiegericht zijn en het moet binnen handbereik zijn. Ik zou alleen willen aangeven dat je zoiets niet echt kunt zeggen. Ik wil morgen honderd miljard dollar op mijn rekening hebben staan. Wanneer is het haalbaar? Niet echt tenzij je een loterij wint. Nou, dat is mijn idee, mijn vriend is puur gebaseerd op geluk. Daarom probeer ik hier echt te zeggen dat u doelen moet hebben die haalbaar zijn en niet iets dat buiten uw bereik ligt. Anders raak je gedemotiveerd, en dat is niet goed.

Bij ons volgende acroniem staat R voor realistisch. Uw doel moet realistisch zijn, het moet echt zijn en relevant voor uw huidige situatie. Het is iets dat u wilt bereiken en het moet relevant zijn voor uw huidige situatie. Als het niet relevant is voor uw huidige situatie.

Het is niet realistisch, en daarom is het geen SMART-doel. Mensen moeten geloven dat het realistisch is. Als je een toonbeeld van succes wilt bereiken. Uw SMART-doelen moeten relevant zijn voor wat u doet. Misschien studeer je in een bepaalde sectie of ga je kunst of handel nastreven. Maar als u een doel stelt dat van een totaal ander veld is, is het geen realistisch doel.

Het laatste deel van ons SMART-doel staat voor t en dat is tijdgebonden, uw doelen moeten een specifiek tijdsbestek hebben waarbinnen u dat doel zult bereiken.

Ik wil bijvoorbeeld in het jaar 2019 $ 30 miljoen rijk zijn, nu is dat iets dat tijdgebonden is omdat je er een tijdschema aan hebt vastgemaakt, waardoor het nog specifieker wordt door te zeggen dat 21 maart 2019 is wanneer ik wil om $ 30 miljoen op mijn rekening te hebben. Nou, je hebt het zo specifiek tijdgebonden gemaakt dat je hersenen daar omheen gaan werken.

Dus, tijdgrenzen, u zou een vastgesteld tijdsbestek moeten hebben. Dat moet realistisch zijn en iedereen moet op de hoogte zijn van uw tijdschema. Dus probeer het openbaar te maken en praat er met mensen over. Dat is ook geweldig voor uw SMART-doelen. Ik wil graag bepaalde feiten over het stellen van doelen met je delen.

Laten we begrijpen wat deze feiten zijn, specifieke, realistische doelen werken altijd het beste. Dus heb geen algemene doelen, heb specifieke en realistische doelen, ze werken echt. Het kost tijd voordat een verandering een vaste gewoonte wordt. Welnu, wanneer u dit proces van het stellen van doelen bent begonnen, moet u bepaalde veranderingen in uw houding en gedrag aanbrengen. En om dit een gevestigde gewoonte te laten worden, kost wat tijd. Maar mijn beste vrienden, verlies uw geduld hier niet.

Het herhalen van onze doelen zorgt ervoor dat het blijft, dus begin er een gewoonte van te maken om je doelen te herhalen en ervoor te zorgen dat het blijft. Andere mensen plezieren werkt niet altijd. Je hoeft niemand te plezieren. Wees trouw aan jezelf en definieer je doelen. wegversperringen betekenen niet altijd een mislukking. Welnu, als u op weg bent om uw doelen te bereiken, zult u veel obstakels op uw weg tegenkomen en veel hindernissen die u misschien tegenkomt.

Heb geduld en probeer deze wegversperringen te overwinnen die we op uw weg zullen komen. Laten we enkele citaten bekijken om u te motiveren uw doelen te stellen. Zonder doelen en een plan om ze te bereiken. Je bent als een schip dat is uitgevaren, maar zonder bestemming. Als je het kan dromen, kan je het doen. Dus droom dat je doelen je wegenkaarten zijn die je begeleiden en je laten zien wat er mogelijk is.

En tot slot is een droom slechts een droom. Maar een doel is een droom met een plan en een deadline. Welnu, beste vrienden, ik hoop echt dat deze citaten u hebben gemotiveerd, aangemoedigd en u echt enthousiast hebben gemaakt om uw doelen te stellen. Ik zou dit stellen van doelen willen afsluiten door u aan te sporen uw doelen te identificeren. Maak je actieplan en bereik je doelen. Heb een visie in het leven, heb een missie in het leven. Houd het altijd voor je, waardoor je echt met veel energie en enthousiasme je doelen bereikt. Verlies nooit. Dat.

De volgende interessante module en een van mijn persoonlijke favorieten heet timemanagement. Als u een leider van wereldklasse wilt zijn, een goede balans tussen werk en privé wilt hebben en in het algemeen succesvol wilt zijn in uw carrière en in uw leven. Dit is een module waar u veel aandacht aan moet besteden. Welnu, de agenda van vandaag is wat we gaan behandelen in deze module van timemanagement. Enkele van de subonderwerpen zijn effectief tijdmanagement, leren hoe u uw dag goed kunt plannen en prioriteiten kunt stellen.

Het belang van tijdlogboeken en takenlijsten en hoe ze u helpen uw tijd beter te beheren. Identificatie van onze tijdverspillers en tijdovervallers. Welnu, het is belangrijk om te weten waar we onze tijd precies verdoen, want tenzij we niet weten dat we uw tijd niet goed kunnen beheren. We zullen dus het Pareto-principe van 80 bij 20 begrijpen. Dit is een zeer belangrijk concept dat werd bedacht door de heer Eason-hobo, en hij heeft ons uitgelegd hoe dit Pareto-principe van 80 bij 20 werkt. Nou, we gaan het ook hebben over de urgente en belangrijke matrix. Dit interessante concept werd bedacht door de heer Steven Covey, en hij heeft ons het belang doen begrijpen tussen dringende en belangrijke taken, druk zijn versus productief zijn.

Dit zijn dus wat we in onze module gaan behandelen. Laten we beginnen. Iedereen krijgt 24 uur per dag, niemand krijgt meer en niemand krijgt minder. Dus, hoe komt het dat sommige mensen altijd moeite hebben om hun tijd te beheren, altijd van pilaar naar post lopen en altijd proberen zoveel in hun 24 uur te persen, terwijl ze nog steeds geen tijd voor zichzelf hebben? Aan het eind van de dag klagen deze mensen.

Ik heb geen tijd op de andere set. We hebben een andere groep mensen die in staat is om al hun tijd heel, heel goed te beheren, prioriteiten te stellen, te plannen en alles in een dag te volbrengen. Aan het eind van de dag hebben ze veel tijd voor zichzelf en zijn ze altijd productief.

Het verschil tussen deze twee groepen mensen is dat de laatste groep mensen altijd het soort mensen is dat de techniek van timemanagement heeft geleerd. En dat is de reden waarom we dit op tijdmanagement hebben om ons te helpen productief te worden en goed te zijn in ons werk. Waarom hebben we timemanagement nodig? Welnu, er zijn veel voordelen verbonden aan het goed kunnen beheren van uw tijd.

En als we eenmaal weten wat deze voordelen zijn, gaan we er zeker naar streven om beter te worden met ons tijdbeheer. Laten we dus eens kijken wat deze voordelen van timemanagement zijn. Het belangrijkste voordeel is dat tijdmanagement u helpt tijd te besparen. Nou, tijd is geld in de dag van vandaag. De verloren tijd zal nooit meer terugkomen, toch? Dus bespaarde tijd is gelijk aan geld.

Tijdmanagement helpt u stress te verminderen. We zijn zo gestrest in het leven van vandaag. Waarom? Omdat we teveel in onze dag persen zonder te beseffen of we onze tijd kunnen besteden aan al deze verschillende taken die we erin hebben geperst. Het helpt je dus om jezelf stressvrij te maken.

Tijdmanagement helpt ons om effectief te functioneren als een constructieve en productieve werknemer op onze werkplek. Het helpt om onze werkoutput te vergroten. Het helpt ons meer controle te krijgen over onze taakverantwoordelijkheid. We kunnen dus echt goed functioneren en een productief teamlid zijn met onze medewerkers.

Het helpt je prioriteiten te stellen. Het helpt ons om onze taken beter te plannen, te weten wat we als eerste moeten doen en weten wat we als laatste moeten doen. Het plannen van onze prioriteiten is dus iets dat een groot voordeel zal zijn van tijdbeheer. Het helpt ons om meer gedaan te krijgen in minder tijd. En is dat niet waar we allemaal naar streven, we hebben allemaal zoveel te doen. En zo weinig tijd, het helpt je om minder te doen in een bepaalde tijd. Het vertelt ons om werk van goede kwaliteit te leveren. En we moeten allemaal streven naar kwaliteitswerk in plaats van alleen onze taken af te maken en meerdere taken uit te voeren.

De hoeveelheid is niet zo goed. Maar kwaliteit is altijd beter, het helpt ons om onszelf te disciplineren. En als laatste, maar niet de minste, helpt het u om ervoor te zorgen dat u nakomt wat is beloofd. Dit zijn enkele van de voordelen van timemanagement. En ik ben er zeker van dat je naar dit alles luistert, je zou zeker willen leren hoe je tijd kunt besparen, hoe je je tijd kunt beheren.

Nu is er een heel interessant concept. Veel mensen hebben het gevoel dat ze het druk hebben, en ze zijn ook productief. Goed bezig zijn betekent niet dat je productief bent. Druk en productief zijn twee verschillende dingen. Je zou kunnen zeggen dat ik het erg druk heb met iets. Maar als iemand je vraagt waar je mee bezig bent? Dat is een vraagteken op je gezicht en je weet echt niet zeker wat je aan het doen bent? Maar je hebt de neiging om het druk te hebben. Dus wat is het verschil tussen druk zijn en productief zijn? Laten we dat een beetje in detail begrijpen, bezig zijn.

Er zijn mensen die meerdere prioriteiten hebben, ze zullen tal van prioriteiten voor zichzelf hebben, terwijl productieve mensen zich daarentegen slechts op enkele prioriteiten concentreren. Ze concentreren zich liever op een lesaantal dingen, in plaats van hun dagen met te veel dingen te vullen. Drukke mensen antwoorden altijd met een ja, ze zullen nooit nee zeggen voor een taak of activiteit. Terwijl productieve mensen daarentegen altijd wel twee keer nadenken voordat ze ja tegen iemand zeggen.

Drukke mensen als ze aan het werk zijn, houden alle deuren open, zodat iedereen ze kan storen en onderbreken, wat niet goed is. Aan de andere kant, productieve mensen wanneer ze aan het werk zijn, zullen de deuren sluiten, ze zullen je nooit laten onderbreken of ze laten weten, begrijpen wat dat is, blijven praten over hoe druk ze het hebben, mensen blijven altijd huppelen. Ik heb het erg druk met dit en dat. Aan de andere kant, productieve mensen.

Ze blijven niet hameren over hoe druk ze het hebben. Ze laten de resultaten voor zich spreken. En is dat niet altijd een betere optie? Ze zien dat mensen multitaskers zijn, ze zullen talloze dingen doen bij veel dingen. Op een bepaald moment zullen ze multitasken, terwijl productieve mensen zich alleen op één belangrijke taak of één belangrijk doel concentreren.

Laten we nu eens kijken naar onze geest, als deze op te veel dingen tegelijk gefocust is, dat u geen kwaliteitswerk zult leveren in een van die taken, omdat uw geest zich in verschillende taken bevindt. Als u zich echter op een bepaalde taak of doel concentreert en die niet kunt voltooien, is dat altijd een veel betere optie. We moeten er dus altijd naar streven om dit te doen in plaats van dit. Wel drukke mensen, ze vragen altijd om advies. Aan de andere kant, productieve mensen, ondernemen echte acties en krijgen de klus geklaard. In plaats van alleen mensen om advies te vragen, doen ze dat, maar tegelijkertijd doen ze het werk.

Ze werken aan hun acties, in plaats van alleen met mensen te praten over advies en suggesties. Dus wat we proberen te zeggen in deze specifieke dia is altijd streven om productief te zijn, in plaats van alleen maar bezig te zijn. Een van de zeer belangrijke manieren om, weet u, onze tijd te beheren, is door iets te maken dat bekend staat als een productiviteitsdagboek.

Nu is een productief dagboek niets anders dan een tijdregistratie van uw dagelijkse activiteiten, wat u de hele dag doet, vanaf het moment dat u opstaat tot het moment dat u 's avonds met pensioen gaat. Laten we dus eens kijken naar het productieve tijdschrift, we zouden twee tijdschriften moeten hebben, een voor persoonlijk en een voor professioneel, het is belangrijk om deze twee tijdschriften te splitsen. Label het altijd met de tijd, de tijd van de dag, de datum en je naam in het dagboek.

Geef prioriteit aan uw eerste drie taken, het is erg belangrijk om op te schrijven of op te schrijven wat u wilt om uw eerste drie prioriteiten van uw dag te bereiken. Het is belangrijk om je productieve dagboek elke dag te gebruiken, gebruik het niet één keer en laat het de komende 15 dagen los en open je dagboek dan weer. Het is iets waarvan ik wil dat je er elke dag van je leven aan werkt. En dat is de crux van het goed beheren van uw tijd.

Welnu, hoe maximaliseert u het gebruik van uw productiviteitsdagboek? Het is belangrijk om de avond ervoor te plannen. Nu, de reden waarom ik de avond ervoor plan zeg, is dat als je 's nachts slaapt, je onderbewustzijn op dat moment het meest alert is en wat je op dat moment ook in de geest voedt, het bij je blijft tot de ochtenduren. Daarom is het erg belangrijk.

Plan uw taak de avond ervoor, in plaats van het 's ochtends na het opstaan te doen. geef prioriteit aan uw taak. Als we het hebben over prioriteiten stellen. Wat ik echt probeer te zeggen, is dat ik begrijp welke taken eerst moeten worden gedaan en welke tijd er als tweede, derde enzovoort moet worden gedaan, enzovoort.

Prioriteit geven aan uw taak is erg belangrijk en we zullen er later in de module veel licht op werpen. Streep voltooide taken af, er is niets meer bereikt of motiverend dan een vinkje te zetten in uw productieve dagboek om aan te geven dat u deze taak hebt voltooid. Het geeft je mentale voldoening.

En ja, er is een hormoon dat vrijkomt als je je gemotiveerd en trots voelt en dat is belangrijk. draag onafgemaakte taken over. Als je om de een of andere reden een bepaalde taak niet binnen een dag hebt kunnen voltooien, maakt het niet uit. U kunt de volgende dag krijgen. Dit is weer een heel belangrijke manier om je tijd beter te beheren door een lijst te maken. De actielijst is een concept dat de meesten van ons echt kennen, maar niet echt hebben geoefend. Het is een vraag die ik u zou willen stellen om te doen. Lijsten zijn erg belangrijk om ervoor te zorgen dat al uw taken worden vastgelegd en voltooid binnen een bepaald tijdstip van uw dag.

De reden waarom we zeggen dat to do-lijsten belangrijk zijn, is omdat je alles kunt opschrijven en weet wat alle andere dingen die je op een dag moet doen. Er is een stapsgewijze aanpak en ik zou echt willen dat u dit volgt wanneer u een takenlijst maakt. Laten we dus eens kijken wat deze vier stappen zijn die ons zullen helpen een takenlijst te maken. Stap één, leg alles vast wat je moet doen.

Hoe klein of groot ook. De taak doet er niet toe. Je legt alles vast op een vel papier en schrijft alles op wat er moet gebeuren. Klein Groot maakt niet uit. De tweede stap is om de ABC-methode van prioriteit te volgen. Als ik nu de ABC-methode zeg, probeer ik echt te zeggen dat al die taken volgens jou het belangrijkst zijn, schrijf er gewoon a voor, waarvan je denkt dat ze minder belangrijk zijn vlak ervoor. En wat je ook voelt, is het minst belangrijke vlak voor hen. Op deze manier moet je prioriteit geven aan je taak die je voor jezelf hebt opgeschreven.

Stap drie is dat u moet opschrijven hoe lang elke stap duurt. Wat ik wil dat u nu doet, is proberen te begrijpen dat elke taak enige tijd nodig heeft die u aan die specifieke taak moet besteden.

Dus wat is de tijd die je daaraan wilt besteden, dan moet je ervoor schrijven. Het zal een uur, een half uur, twee uur tijd kosten, je moet dat opschrijven. De vierde stap is, zoals ik eerder al zei, nemen wanneer de taak is voltooid. Het is erg motiverend om te weten dat je zoveel bereikt hebt op een dag, het is motiverend, nietwaar?

Dit is opnieuw een zeer belangrijke manier om uw tijd, brok, blok en tackle te beheren. Als we nu worden geconfronteerd met een heel groot project dat we moeten doen, is het erg overweldigend voor ons. Het is iets waar we bang voor worden of bang zijn voor minder vrees. Zo'n grote taak, hoe ga ik dat doen? Nou, je hebt iets dat bekend staat als chunk block and tackle.

Dit zal u helpen uw overweldigende taak te beheren en voor elkaar te krijgen. Hoe moeten we doen? We moeten het project opsplitsen als het een groot project is, het opsplitsen in kleinere, beheersbare taken die u op weg helpen. Ten tweede, stel tijd in voor een specifieke taak. Die kleine taken die je hebt, weet je, een beetje gemotiveerd voor jezelf.

Probeer een bepaalde hoeveelheid tijd te hebben die u nodig heeft om elke taak te voltooien, vermijd onderbrekingen. Als je een taak hebt geblokkeerd, of liever stukjes van kleine stukjes, neem dan altijd een kleine hoeveelheid tijd die je aan elke taak wilt besteden. En probeer ook niet gestoord te worden als u ergens op gefocust bent, geef er alstublieft uw honderd procent aan.

Vermijd telefoontjes, vermijd e-mails of witte technologie, probeer je gewoon op die ene taak te concentreren en één taak tegelijk aan te pakken. Zoals ik al eerder zei, multitasken niet. Als u zich op één taak concentreert, wordt deze veel beter voltooid. Vervolgens gaan we het hebben over hoe u uw tijd kunt prioriteren. Welnu, tijdmanagement gaat niet alleen over het leren omgaan met tijd, het gaat over het leren omgaan met jezelf in relatie tot tijd en dit specifieke concept is heel mooi met ons gedeeld door de heer Easton. Whoa.

Mr. Easton Hogan heeft ons verteld dat het belangrijk is om te antwoorden. Deze keer hoe u uw tijd kunt prioriteren met iets dat bekend staat als een urgente, belangrijke matrix. Laten we begrijpen wat een urgente, belangrijke matrix is. Welnu, wat is urgent en wat is belangrijk? Is er een verschil tussen deze twee termen of lijken ze op elkaar?

Als u de belangrijke taak niet uitvoert, worden ze urgent en dat willen we vermijden. We willen voorkomen dat we ons in een urgente zone bevinden. Laten we dus beginnen met de belangrijke taken voordat ze urgent worden.

Hier gaan we het hebben over vier kwadranten. Kwadrant één dat urgent en belangrijk is. Kwadrant twee, dat is belangrijk maar niet erg urgent. Kwadrant drie dat niet eens urgent is en niet belangrijk en kwadrant vier dat wel urgent is maar niet belangrijk. Laten we een beetje in detail begrijpen wat deze vier kwadranten nu zijn. Het eerste kwadrant is urgent en belangrijk, wat betekent dat u altijd bezig bent om uw dringende problemen te beheersen. Het is een crisissituatie waarin je loopt voor projectbijeenkomsten, je probeert alles op een dag te bereiken en dat is wanneer je dringend in dit kwadrant bent en heel belangrijk voor je.

Het tweede kwadrant is belangrijk maar niet urgent. Wat bedoelen we nu met belangrijk maar niet urgent? Dit zijn bepaalde taken die u op tijd moet uitvoeren voordat ze urgent worden. Dus sommige dingen zoals voorbereiding, preventie, waarde verduidelijking, planning van je leven, je doelen, je visie, uitgaven voor het opbouwen van relaties, quality time met je gezinsleden, ook vakanties, recreatie enz.

Dit zijn niet erg belangrijke dingen, maar ja, ze zijn belangrijk als je jezelf de tijd geeft om in de zone te zijn. Kwadrant twee is zeer, zeer essentieel en belangrijk om in kwadrant drie te zijn is niet belangrijk, maar het is dringend voor sommige mensen, waarom zit u aan uw bureau aan het werk, u kunt wat onderbrekingen krijgen, enkele belangrijke maaltijden om een belangrijk telefoontje te sturen dat komt in jouw weg.

Dit zijn dingen die we willen vermijden, omdat ze dringend zijn voor sommige andere mensen. Maar je begint je tijd te verspillen in dit kwadrant omdat je veel aandacht besteedt aan deze prangende problemen, vergaderingen, een of ander rapport dat gestuurd moet worden etc. Dus probeer te vermijden dat je in dit kwadrant zit.

Kwadrant nummer vier is niet eens urgent en niet belangrijk. Een van de belangrijkste activiteiten die ik in de huidige tijd zou zeggen, is sociale media. We zijn zo druk met onze WhatsApp met onze Facebook, Instagram, Twitter, etc. We besteden zoveel tijd aan deze activiteiten dat de helft van onze dag er helemaal mee gevuld is en dan hebben we geen tijd voor onze urgente en belangrijke taken.

Dus alle ongewenste e-mail. Sommige telefoontjes zijn tijdverspillers en ontsnappingsactiviteiten helpen ons echt niet veel om onze tijd te beheren. Als we ons in deze specifieke zone bevinden, verspillen we alleen onze belangrijke tijd van de dag door deze te vullen met deze activiteiten. Nu, van al deze vier kwadranten, als je echt je tijd wilt beheren, zitten we in kwadrant nummer twee, wat belangrijk is maar niet urgent.

Zodra we ons in kwadrant twee beginnen te bevinden, zullen we leren hoe we ons leven en onze tijd veel beter kunnen beheren. We gaan het nu hebben over ons Pareto-principe, de 80 bij 20-regel. De heer Pareto bedacht dit specifieke concept, dat bekend staat als het Pareto-principe, al in de jaren 1900. Welnu, wat hij echt probeert te zeggen, is focus op 20% van uw acties die 80% van de resultaten zullen opleveren.

Het Pareto-principe zegt dat je je inspanningen moet inzetten waar ze het meeste verschil zullen maken. De meesten van ons proberen te veel op een dag te bereiken, liever de belangrijke dingen op een dag te bereiken, waarvoor slechts 20%

van die activiteiten nodig zijn, wat u daadwerkelijk zal helpen om veel voordeel te behalen, namelijk 80%. Nou, zelfs als je terugkijkt op tijden, verdienen mensen die feitelijk 20% van het land bezitten 80% van het geld. Dus probeer te begrijpen dat u zich alleen op die taken concentreert die slechts 20% belangrijk zijn, maar die u in feite 80% van het resultaat opleveren.

Voordelen van 80-20 Wel, het helpt u om de belangrijkste taak of problemen te identificeren waarvoor u moet zorgen. Ten tweede helpt het je om je te concentreren op je kracht. Nu weten we allemaal wat onze sterke en zwakke punten zijn. Het helpt u dus om u te concentreren op die activiteiten die u graag doet en die u graag doet. Concentreer u dus op uw sterke punten.

Het helpt je bij onverdeelde focus. Als u nu weet wat u moet doen, probeert u uw aandacht, uw honderd procent aandacht, op die activiteit te richten. En tot slot gebruik je de tools die het meest nodig zijn, zoals tijd, energie, geld, alles is nodig voor deze 20% van je acties.

Het helpt je dus omdat dit bepaalde voordelen zijn van de 80 bij 20-tool. Ik zou echt sterk aanbevelen om het Pareto-principe en de urgente belangrijke matrix te gaan gebruiken als je je tijd wat beter wilt beheren. Wat we nu gaan behandelen, is een van de meest fundamentele aspecten van timemanagement, namelijk leren omgaan met uitstelgedrag.

Uitstelgedrag betekent dat je een bepaalde taak niet wilt voltooien, het wilt afzetten voor een andere tijd, datum of maand, of dat je zegt dat je de leukere taken wilt voltooien in plaats van de onaangename taak, en dat je de minder belangrijke wilt doen. of dringende dingen in plaats van de dringende en belangrijke dingen.

Mensen zijn dus van nature erg lui en onzorgvuldig en willen op dat moment geen dingen doen. Hoe pakken we uitstelgedrag aan, is iets dat u zal helpen uw tijd en leven beter te beheren? Welnu, we hebben bepaalde tips en trucs om met u te delen, die u zullen helpen bij het aanpakken van uitstelgedrag.

Er zijn negen manieren waarop u deze gewoonte van uitstelgedrag daadwerkelijk kunt overwinnen. En laten we eens kijken wat deze negen manieren zijn. De eerste is verwijderd. Welnu, als u denkt dat een taak steeds weer wordt overgedragen, een andere dag, een andere keer nog een week, is het beter om die taak te verwijderen, omdat het niet de bedoeling is dat u die taak niet hoeft te doen, beter verwijderd uit je lijst.

De tweede manier is delegeren. Delegatie is nu een zeer belangrijke manier om uw tijd te beheren: delegeer die specifieke taak aan iemand die de tijd en middelen en de intelligentie heeft om die specifieke taak uit te voeren. delegatie werkt heel erg goed als je een succesvolle leider wilt zijn. De derde manier is: doe het, doe gewoon de taak, maak het af. In plaats van na te denken over plannen, maakt u het af en doet u het gewoon.

De volgende manier is om iets te volgen dat bekend staat als een regel van 15 minuten. Wat dit betekent is dat wanneer u een taak in handen heeft, denk erover na, als u in staat bent om het binnen 15 minuten te voltooien, voltooi het dan gewoon diezelfde tijd, stel het niet uit of stel het niet uit, 15 minuten, maak het af.

Het volgende is om het in stukken te hakken. Zoals we al eerder zeiden, als er een overweldigend groot project is dat u moet doen, en u vraagt zich echt af, waar moet ik dan beginnen? Hak het goed in kleinere stukjes en beetjes, en dat is waar je deze specifieke taak kunt uitvoeren.

Het volgende is om advies vragen. Vaak stellen we een bepaalde taak of werk uit omdat we niet de deskundige kennis hebben van hoe we het moeten doen. Vraag dus om advies. Doe een risico, vraag senioren of vraag uw leiders die u zullen helpen om u dat aanbevolen advies te geven dat u zal helpen bij het uitvoeren van die taak in plaats van uit te stellen.

De volgende manier om met uitstelgedrag om te gaan, is door duidelijke deadlines te hebben. De meeste van onze taken worden uitgesteld omdat we geen duidelijke deadline hebben vastgesteld. Wijs dus een deadline aan uw taak toe, want dat zal u helpen dit uitstelgedrag te overwinnen. De volgende is jezelf belonen. Nou, niets is zo motiverend als jezelf belonen.

Geef jezelf een aardig schouderklopje en zeg dat je dit specifieke ding hebt bereikt. Het is motiverend en het is echt goed voor je gevoel van eigenwaarde en zelfvertrouwen. Dus beloon jezelf de volgende keer dat je een taak afrondt. De volgende manier is om afleidingen te verwijderen. Wanneer u zich concentreert op een zeer belangrijke en urgente taak voor uzelf. Er kunnen veel onderbrekingen, afleidingen zijn, alstublieft. Het is een verzoek om deze afleidingen te vermijden, concentreer u zich gewoon op uw werk.

Welnu, door deze negen manieren te volgen om uitstelgedrag te overwinnen, bent u een stap dichter bij het beheren van uw tijd, veel beter. Nu, als we het hebben over tijdmanagement, zullen er zeker enkele barrières zijn, enkele obstakels, waardoor u uw tijd niet kunt beheren. Welnu, wat zijn deze obstakels en barrières? Laten we het begrijpen, geen duidelijke doelstellingen hebben.

Dus onduidelijke doelstellingen leiden echt tot een gebrek aan of minder tijdmanagement omdat je niet weet waar je moet beginnen. U weet niet wat u wel of niet moet doen. Dus duidelijke aanwijzingen hebben, duidelijke doelstellingen hebben, waarom u die specifieke taak wilt doen. De volgende is ongeorganiseerd.

Niets kan zo irritant en vervelend zijn als ongeorganiseerd zijn. Waar u ook bent, op het werk of bij u thuis, u heeft altijd uw tafel en uw ruimte georganiseerd.

Goed. Als u georganiseerd bent, kunt u meer gedaan krijgen in minder dan tijd. Gebrek aan planning Als u niet plant, zult u uw taak nooit goed kunnen plannen.

Zorg dus altijd voor een goede planning en prioritering. Voorkom storingen en onderbrekingen. Dat is een van de belangrijkste manieren van effectief tijdbeheer wanneer u elke vorm van onderbreking van uw dag kunt vermijden. Concentreer u op uw taak die essentieel en belangrijk is.

Het volgende deel van onze module over tijdbeheer is begrijpen wat onze tijdverspillers zijn? We verspillen zoveel tijd binnen onze 24 uur, je zult het niet geloven, maar ja, het is waar. We verspillen 80% van onze dag aan activiteiten die niet echt productief zijn en die ons brengen naar waar we willen zijn. Welnu, dit is iets dat we gaan behandelen over tijdbeheer, waarbij we onze tijdverspillers begrijpen. Dus onderbrekingen en afleidingen vermijden.

Slechte planning, niet goed kunnen plannen, perfectionisme. verwacht te veel tot perfectie, probeer alles zelf te doen, en dat is waar we aarzelen omdat we niet kunnen bepalen waar we de taak wel of niet moeten delegeren. te veel verantwoordelijkheden op je nemen, te veel op je nemen, wat niet geweldig is om te doen.

Crisisbeheersing. Ja, teveel gezelligheid. We hebben de neiging om gedurende onze dag te veel te socializen. Probeer te veel dingen te doen, te veel mensen te ontmoeten, breng te veel tijd door met onze vrienden en familie, wat je misschien niet echt helpt om het probleem van tijdmanagement op te lossen en je eigen tijd niet te waarderen.

Als u onze tijd niet waardeert, zal niemand anders uw tijd en gebrek aan vaardigheden waarderen. Welnu, dit zijn bepaalde gebieden of bepaalde problemen die zullen opduiken, wat uw tijdverspillers en tijdovervallers zijn. Als we eenmaal weten hoe we met al deze dingen moeten omgaan, zijn we een stap dichter bij het beter beheren van onze tijd.

Nou, ik zou alleen willen besluiten door te zeggen dat tijd gelijk is aan geld, tijd besteed of verloren tijd, we komen nooit meer terug. Leer hoe u prioriteiten stelt, leer hoe u uw prioriteiten plant, leer hoe u uw tijd beter kunt beheren. Als je een leider van wereldklasse wilt zijn als je succesvol wilt zijn in je leven, ga dan goed met je tijd om.

Bedankt allemaal voor het lezen. En ik hoop dat je alles wat je hier hebt geleerd, zult oefenen. Bedankt en een fijne dag gewenst.